PROGRAMME ET RÈGLEMENT

CONCERNANT LES

ADMINISTRATEURS, ADMINISTRATEURS ADJOINTS

ET SECRÉTAIRES

DE COMMUNE MIXTE

ALGER

TYPOGRAPHIE ADOLPHE JOURDAN

IMPRIMEUR-LIBRAIRE-ÉDITEUR

2, PLACE DE LA RÉGENCE, 2

1910

PROGRAMME ET RÈGLEMENT

CONCERNANT LES

ADMINISTRATEURS, ADMINISTRATEURS ADJOINTS

ET SECRÉTAIRES

DE COMMUNE MIXTE

<hr>

ALGER

TYPOGRAPHIE ADOLPHE JOURDAN

IMPRIMEUR-LIBRAIRE-ÉDITEUR

2, PLACE DE LA RÉGENCE, 2

1910

PROGRAMME ET RÈGLEMENT

CONCERNANT

Les Administrateurs, Administrateurs Adjoints et Secrétaires

DE COMMUNE MIXTE

Service des Communes mixtes

RÈGLEMENT GÉNÉRAL SUR LE PERSONNEL DES ADMINISTRATEURS
ET ADMINISTRATEURS-ADJOINTS DE COMMUNE MIXTE

Art. 1er. — Le personnel du service des communes mixtes
se compose d'administrateurs principaux, d'administrateurs
et d'administrateurs-adjoints.

Les administrateurs principaux sont divisés en deux
classes, savoir :

    1re classe, traitement............... 8.000 fr.
    2e   —   —   .... 7.000 »

Les administrateurs sont divisés en trois classes, savoir :

    1re classe, traitement............... 6.000 fr.
    2e   —   —   .... 5.000 »
    3e   —   —   .... 4 500 »

Les administrateurs-adjoints sont divisés en trois classes,
savoir :

    1re classe, traitement............... 3.600 fr.
    2e   —   —   .... 3.000 »
    3e   —   —   .... 2.700 »

Art. 2. — Les administrateurs-adjoints ayant atteint l'âge
de quarante-cinq ans peuvent, après quatre ans de stage
dans la première classe de leur grade, être promus au traitement de quatre mille francs.

Après un nouveau stage de quatre ans au traitement de 4.000 francs, ces fonctionnaires pourront obtenir le traitement maximum de 4.500 francs.

Art. 3. — Les emplois d'administrateur sont exclusivement réservés aux adjoints de première classe reconnus admissibles à ces fonctions et portés sur un tableau de classement établi, chaque année, par la commission spéciale prévue à l'article 2.

Art. 4. — Les propositions d'avancement de classe en faveur des administrateurs principaux, administrateurs et administrateurs-adjoints de commune mixte et le tableau préparatoire de classement des administrateurs-adjoints susceptibles d'être promus au grade d'administrateur seront arrêtés, dans chaque département, par une commission qui se réunira à la préfecture dans les premiers jours de mai et de novembre de chaque année et dont la composition est fixée ainsi qu'il suit :

Le préfet, *président ;*

Le secrétaire général de la préfecture pour les affaires indigènes ;

Les sous-préfets du département.

Art. 5. — Les propositions ainsi formulées seront soumises à une commission supérieure qui sera composée, sous la présidence du Gouverneur général, du secrétaire général du gouvernement, des trois préfets de l'Algérie, des quatre conseillers rapporteurs près le conseil de gouvernement, du directeur et sous-directeur des affaires indigènes.

Cette commission se réunira deux fois par an, à la fin de chaque semestre ; elle délibèrera sur les avancements de classe à accorder au 1er janvier et au 1er juillet de chaque année ; elle dressera, en outre, à la fin du premier semestre, en exécution de l'article 3 ci-dessus, le tableau définitif des administrateurs-adjoints classés pour le grade d'administrateur.

Art. 6. — Le tableau de classement des administrateurs-adjoints de première classe reconnus aptes à exercer les fonctions d'administrateur est divisé en deux listes : 1° une liste d'ancienneté ; 2° une liste de choix.

La liste d'ancienneté est établie d'après la date de la nomination à la première classe et, en cas d'égalité d'ancienneté dans cette classe, d'après la durée totale des services rétribués sur les fonds de l'État.

Les candidats inscrits sur la liste de choix sont également inscrits, à leur rang d'ancienneté, sur la liste d'ancienneté ; les candidats inscrits chaque année sur l'une ou l'autre de ces deux listes prendront rang sur les candidats qui y seront inscrits les années suivantes.

Les nominations se feront à raison de deux candidats pris sur la liste de choix et d'un sur la liste d'ancienneté.

La radiation du tableau de classement pourra être prononcée par la commission lorsque les notes du candidat lui paraîtront justifier cette mesure.

Art. 7. — Pour être inscrits au tableau de classement, les administrateurs-adjoints de première classe devront être âgés de moins de 45 ans. Une fois inscrits ils pourront y être maintenus au delà de cette limite d'âge.

Art. 8. — Les administrateurs adjoints de commune mixte sont recrutés par voie de concours ouvert simultanément à Alger et à Paris, et dont les règles sont déterminées par un arrêté spécial.

Pour être admis à prendre part au concours pour l'emploi d'administrateur-adjoint, les candidats devront être agréés, au préalable, par le Gouverneur général. Ils auront à justifier :

1° Qu'ils sont français, jouissant de leurs droits ;

2° Qu'ils sont âgés, au 1er janvier de l'année du concours, de plus de vingt-deux ans et de moins de trente ans ; cette limite d'âge est reculée à trente-cinq ans pour les candidats comptant un minimum de cinq ans de services militaires ou cinq ans de services civils ouvrant des droits à une pension de la caisse des retraites de l'Algérie ;

3° Qu'ils ont accompli effectivement leur service militaire ;

4° Qu'ils possèdent, soit le diplôme de bachelier de l'enseignement classique ou de l'enseignement moderne, soit le diplôme supérieur de législation algérienne et de coutumes indigènes institué par la loi du 20 décembre 1879 et le décret du 24 juillet 1882, soit une commission de rédacteur dans une des préfectures de l'Algérie.

L'aptitude physique du candidat sera constatée, avant la première épreuve du concours, par le médecin de l'administration.

Art. 9. — Le concours est divisé en deux parties : la première est passée simultanément à Alger et à Paris, la seconde est passée à Alger.

La première comprend :

1° Une composition écrite sur l'histoire ou la géographie physique et économique de l'Algérie ;

2° La rédaction d'un rapport ou d'une note sur une question de droit administratif ou de législation algérienne ;

3º Une composition sur une question d'administration ou de comptabilité communales.

La deuxième comprend :

1º Une épreuve pratique d'équitation ;

2º Une épreuve pratique de topographie se décomposant comme il suit :

Sur le terrain : Lecture et explication de la carte de l'État-major ; reconnaissance et levé à vue sans autre instrument qu'un double décimètre.

Au cabinet : Mise au net du levé et rédaction du procès-verbal descriptif ;

3º Une interrogation orale sur le code pénal et le code d'instruction criminelle.

Art. 10. — Le jury du concours est composé :

D'un conseiller de gouvernement, *président ;*

D'un chef de bureau de l'administration centrale ;

D'un administrateur de commune mixte.

Un rédacteur du gouvernement général remplira les fonctions de secrétaire.

Un officier de cavalerie, désigné par l'autorité militaire, et un vérificateur du service topographique sont adjoints au jury pour les épreuves pratiques d'équitation et de topographie.

Art. 11. — Les sujets des trois compositions de la première partie du concours sont arrêtés par le président du jury. Le texte en est envoyé par lui, sous plis scellés, au directeur de l'office de l'Algérie, à Paris, et au chef de bureau du gouvernement général, membre du jury, chargés de présider à l'exécution des épreuves.

Art. 12. — Les épreuves de la deuxième partie du concours sont subies à Alger. Un avis adressé aux candidats leur fait connaître le lieu où ils doivent se réunir ainsi que l'heure à laquelle commenceront les travaux.

Art. 13. — Les candidats reconnus admissibles à la suite du concours sont classés par ordre de mérite et nommés au fur et à mesure des vacances.

Art. 14. — Les candidats nommés à la suite du concours pour l'emploi d'administrateur-adjoint sont soumis à un stage minimum d'un an, compté du jour de leur installation ; ils ne peuvent, toutefois, être titularisés avant l'âge de vingt-cinq ans révolus.

L'année expirée, et si l'adjoint stagiaire réunit les conditions d'âge requises, l'administrateur de commune mixte sous les ordres duquel il sert, rend compte, dans un rapport circonstancié : 1° de la valeur morale ; 2° de l'aptitude professionnelle ; 3° de la tenue et de la conduite du stagiaire ; 4° du degré d'avancement de ses études en langue arabe.

Sur le vu de ce rapport et de l'avis du préfet, le Gouverneur général titularise l'adjoint stagiaire ou l'astreint à un nouveau stage, à l'expiration duquel il est nommé administrateur-adjoint de 3e classe ou congédié.

Les adjoints stagiaires titularisés entrent en solde dans la 3e classe aussitôt après l'achèvement de leur stage, et ils prennent rang d'ancienneté dans la même classe un an après la date de leur nomination comme stagiaire. Néanmoins, ceux qui auront été soumis à une prolongation de stage ou qui n'auront pas pris possession de leur poste dans le délai d'un mois à dater de leur nomination, ne prendront rang d'ancienneté dans la 3e classe qu'à l'expiration de la dite prolongation ou d'une année après la date de leur installation.

Les candidats nommés adjoints stagiaires touchent, pendant la durée de leur stage, une indemnité mensuelle de 200 francs. Ils ont droit, en outre, aux indemnités et avantages matériels dont jouissent les administrateurs-adjoints titulaires.

Art. 15. — Sont dispensés du concours :

Les élèves ayant subi avec succès les examens de sortie des écoles du gouvernement (1), les élèves brevetés de l'école coloniale (section africaine), de l'école des sciences politiques et ceux de l'école des langues-orientales ayant obtenu le diplôme d'élève breveté pour la langue arabe littérale ou la langue arabe vulgaire.

Un tiers des emplois d'adjoint leur est réservé. Ils sont également soumis à un stage d'une année et les dispositions de l'article précédent leur sont applicables.

Art. 16. — Les administrateurs principaux, administrateurs et administrateurs-adjoints sont nommés et avancés par le Gouverneur général.

L'avancement est accordé en totalité au choix.

En aucun cas, un agent ne pourra franchir plusieurs classes à la fois, ni obtenir un avancement de classe à moins de deux ans de stage dans la classe immédiatement inférieure.

Tout avancement est ajourné pour ceux qui n'ont pas jus-

____

(1) École polytechnique ; École spéciale militaire ; École normale supérieure ; École navale ; École centrale des arts et manufactures ; Institut agronomique.

tifié d'une connaissance de la langue arabe ou berbère suffisante pour comprendre les indigènes et se faire comprendre d'eux (note 1). Il en est de même pour ceux à qui la note 1 ne serait pas maintenue aux examens révisionnels.

Tout avancement sera également ajourné pour les agents qui, pourvus de la note 1, auront obtenu des sursis pour subir les examens révisionnels ou ne se seront pas présentés à ces examens.

Par exception, pourront obtenir un avancement, après cinq ans de stage dans la classe immédiatement inférieure, les administrateurs et les administrateurs-adjoints qui se seront signalés par des services exceptionnels.

La note d'arabe sera toujours rigoureusement exigée. pour être promu au grade d'administrateur.

Sont dispensés de se présenter aux examens oraux d'arabe les administrateurs principaux, les administrateurs de première classe et les administrateurs-adjoints hors classe au traitement de 4,500 francs.

Art. 17. — Les changements de résidence sont prononcés par le Gouverneur général, soit sur la demande des intéressés, soit d'office, pour raisons de service ou par mesure disciplinaire.

Tout agent changé de résidence doit avoir rejoint le nouveau poste qui lui est assigné dans un délai de quinze jours au maximum à compter de la date à laquelle il a reçu notification de la décision prise à son égard.

Art. 18. — Les administrateurs et les adjoints de commune mixte peuvent être appelés par permutation, dans les bureaux du gouvernement général ou dans ceux de l'administration départementale.

Lorsque ces permutations ont lieu d'office et dans l'intérêt du service, les agents conservent leur ancienneté respective.

Lorsqu'elles ont lieu sur leur demande et par convenance personnelle des intéressés, ceux-ci prennent rang à la suite des agents du même grade, et à la date de leur entrée dans leurs nouvelles fonctions.

Peuvent également être autorisées des permutations entre les fonctionnaires des communes mixtes et ceux de toutes autres administrations publiques ayant un emploi et un traitement équivalents et justifiant de la possession d'un diplôme de bachelier.

Pour toute permutation, il ne doit pas y avoir un écart de plus de cinq ans entre les années de services comptant pour la retraite des deux permutants.

Les agents des autres administrations qui demanderont à être admis par permutation dans le service des communes mixtes devront produire un certificat médical constatant qu'ils ne sont atteints d'aucune infirmité et qu'ils peuvent faire un service à cheval et essentiellement actif.

Art. 19. — Les administrateurs et adjoints ne peuvent contracter mariage qu'après autorisation du Gouverneur général. Tout agent qui contreviendrait à cette disposition serait considéré comme démissionnaire.

Art. 20. — Les préfets statuent sur la délivrance des congés aux administrateurs et administrateurs adjoints des communes mixtes.

Art. 21. — En cas d'inconduite, d'infraction à la discipline ou de manquement à leurs devoirs, les administrateurs ou adjoints peuvent être frappés des peines disciplinaires suivantes : ·

1º Le blâme officiel ;

2º La retenue de solde de 1 à 3 jours ;

3º La retenue de solde de 4 jours et au-dessus ;

4º Le retrait d'une classe ou d'un grade ;

5º La mise en disponibilité, le licenciement et la révocation.

Les deux premières peines sont prononcées par le préfet ; il devra toujours en être fait mention dans le dossier individuel du fonctionnaire. Les autres sont prononcées par le Gouverneur général.

Art. 22. — Lorsque la peine proposée sera la rétrogradation la mise en disponibilité, le licenciement ou la révocation, l'intéressé sera, préalablement à la décision, déféré au Conseil de discipline institué par l'arrêté du 9 février 1889.

Art. 23. — Le classement des administrateurs principaux, administrateurs et administrateurs-adjoints en fonctions au 1ᵉʳ janvier 1910 est fixé ainsi qu'il suit :

ADMINISTRATEURS

Classes anciennes	Classes nouvelles
Administrateurs de 5ᵉ cl. à 3.900 / de 4ᵉ cl. à 4.400)	Administrateurs de 3ᵉ cl. à 4.500
Administrateurs de 3ᵉ cl. à 4.900	Administrateurs de 2ᵉ cl. à 5.000
Administrateurs de 2ᵉ cl. à 5.400) de 1ʳᵉ cl. à 5.900)	Administrateurs de 1ʳᵉ cl. à 6.000
Admin. princip. de 2ᵉ cl. à 6.400	Admin. princip. de 2ᵉ cl. à 7.000
Admin. princip. de 1ʳᵉ cl. à 6.900	Admin. princip. de 1ʳᵉ cl. à 8.000

ADMINISTRATEURS-ADJOINTS

1re hors classe à...........	4.500	1re hors classe à...........	4.500
2e hors classe à..........	3.900	2e hors classe à..........	4 000
1re classe à...............	3.300	1re classe à...............	3.600
2e classe à..............	3.000	2e classe à..............	3.000
3e classe à..............	2.700	3e classe à..............	2.700

Art. 24. — Les administrateurs principaux, les administrateurs et administrateurs-adjoints qui bénéficieront d'une majoration de traitement recevront la moitié de cette majoration à partir du 1er janvier 1910 et la totalité à partir du 1er janvier 1911.

Art. 25. — Les administrateurs des deuxième et cinquième classes (anciennes) élevés respectivement aux première et troisième classes (nouvelles) prendront rang dans leur nouvelle classe à partir du 1er janvier 1910. Tous les autres administrateurs ou administrateurs-adjoints conserveront le rang d'ancienneté qu'ils avaient dans leur ancienne classe.

Art. 26. — Sont abrogés les arrêtés des 25 novembre 1897, 4 octobre 1902, 1er mai 1903, 29 juin 1906, 26 avril 1907, 20 juin 1907, 24 juin 1909 et généralement toutes dispositions contraires au présent arrêté.

ARRÊTÉ DU 6 OCTOBRE 1902

Portant règlement du concours d'admission à l'emploi d'administrateur-adjoint stagiaire de commune mixte

(Modifié par l'arrêté du 22 octobre 1902)

Art. 1er. — Il sera ouvert le 26 janvier 1903, à Paris et à Alger, un concours pour l'admission à l'emploi d'administrateur-adjoint de commune mixte en Algérie.

Art. 2. — Les candidats devront se faire inscrire sur une liste ouverte, à cet effet au Gouvernement général à Alger.

Art. 3. — ....

Les dispositions de cet article ne sont plus applicables, l'emploi d'administrateur-adjoint de commune mixte ne figurant pas dans les tableaux E, F, G, annexés à la loi du 21 mars 1905 sur le recrutement de l'armée.

Art. 4. — La liste des inscriptions sera close un mois avant la date du concours.

Art. 5. — La liste des candidats admis à concourir sera arrêtée définitivement au moins quinze jours avant l'ouverture du concours ; un avis adressé aux candidats leur fera connaître le lieu où ils devront se réunir et l'heure à laquelle commenceront les épreuves.

− Première partie du concours

Art. 6. — Le directeur de l'office de l'Algérie à Paris et le chef de bureau du Gouvernement général, membre du jury du concours, assistés chacun d'un ou de plusieurs employés chargés de la surveillance des candidats pendant la durée des épreuves, procèdent, l'un à Paris, l'autre à Alger, avant chaque épreuve, à l'appel des candidats. L'ouverture des enveloppes contenant les sujets des compositions est faite en présence de ces derniers, au fur et à mesure qu'ils sont appelés à traiter les questions.

Art. 7. — Il est accordé aux candidats : trois heures pour traiter la 1re question, quatre heures pour la 2e et trois heures pour la troisième.

Il leur est interdit, sous peine d'être exclus du concours, d'avoir aucune communication entre eux et de consulter aucun livre ou cahier.

Art. 8. — Les compositions sont placées sous enveloppes scellées à l'issue de chaque séance, puis envoyées au Conseiller de gouvernement, président du jury.

Art. 9. — Pour garantir l'impartialité dans l'appréciation des épreuves, le nom de chaque candidat, inscrit à l'angle gauche supérieur de la première page de ses compositions, sera dissimulé par l'intéressé dans un repli épinglé qui ne sera ouvert par le jury qu'après que les compositions des trois épreuves auront été annotées.

Art. 10. — Le jury du concours, convoqué par le Président, procède à l'examen des compositions et les apprécie en chiffres de 0 à 20, ayant les significations suivantes :

0	Nul.	12, 13, 14	Assez bien.
1, 2	Très mal.	15, 16, 17	Bien.
3, 4, 5	Mal.	18, 19	Très bien.
6, 7, 8	Médiocre.	20	Parfait.
9, 10, 11	Passable.		

Ces notes sont multipliées, savoir :

Pour la 1re question par le coefficient............ 2

   —   2e   —   3

   —   3e   —   3

Art. 11. — Les candidats ne réunissant pas un nombre de points au moins égal à 96 (6/10) ne sont pas admis à subir les épreuves de la deuxième partie du concours.

Deuxième partie du concours

Art. 12. — Pour l'épreuve pratique d'équitation les candidats sont conduits par les surveillants et l'officier, membre du jury du concours, sur le terrain choisi par ce dernier. Un cheval sellé et harnaché sera mis à la disposition de chacun des candidats. L'épreuve sera appréciée par l'officier délégué, d'après les indications de l'art. 10, et les notes seront envoyées sous pli scellé au président du jury.

Art. 13. — Le sujet de la 2e épreuve est choisi par le président du jury qui s'adjoint, à cet effet, un vérificateur du service topographique.

Pour les opérations sur le terrain, les candidats seront conduits par le vérificateur du service topographique et les surveillants sur un point des environs d'Alger.

Il sera procédé au travail de cabinet aussitôt après le travail sur le terrain. Le travail de chaque candidat est mis sous enveloppe et envoyé au président du jury.

Art. 14 (nouveau) (1). — Les coefficients des épreuves de la seconde partie sont les suivants :

1re épreuve (équitation)........................ 2

2e épreuve (topographie) 1

3e épreuve (interrogation orale sur le code pénal et le code d'instruction criminelle)........................... 2

Art. 15. — Lorsque toutes les épreuves sont terminées, le jury du concours se réunit à nouveau pour établir la liste des candidats définitivement admis.

Art. 16 (nouveau) (2). — L'admissibilité à l'emploi d'administrateur-adjoint ne peut être prononcée qu'à la condition que le candidat aura obtenu pour l'ensemble des épreuves un minimum de 156 points (6/10).

Le jury ne peut d'ailleurs déclarer admissibles qu'un nom-

---

(1) Arrêté du 22 octobre 1902.

(2) Arrêté du 22 octobre 1902.

bre de candidats égal au nombre de places déterminé par l'arrêté portant ouverture du concours.

Art. 17. — Les résultats du concours sont consignés dans un procès-verbal général et dans un extrait établi au nom de chaque candidat.

Arrêté du 22 Octobre 1902

Qui modifie l'arrêté du 6 octobre 1902, déterminant les conditions d'un concours pour l'admission à l'emploi d'administrateur adjoint de commune mixte.

Art. unique. — Les articles 14 et 16 de l'arrêté susvisé du 6 octobre 1902 sont remplacés par les dispositions ci-après :

« *Art. 14.* — Les coefficients des épreuves de la seconde partie sont les suivants :

1re épreuve (équitation), 2 ;

2e épreuve (topographie), 1 ;

3e épreuve (interrogation sur le code pénal et le code d'instruction criminelle), 2.

» *Art. 16.* — L'admissibilité à l'emploi d'administrateur adjoint ne peut être prononcée qu'à la condition que le candidat aura obtenu pour l'ensemble des épreuves un minimum de 156 points (6/10).

» Le jury ne peut, d'ailleurs, déclarer admissibles qu'un nombre de candidats égal au nombre de places déterminé par le présent arrêté ».

Arrêté du 31 Décembre 1897

Concours pour l'admission à l'emploi d'administrateur-adjoint stagiaire de commune mixte

---

Attribution de points supplémentaires aux candidats justifiant de la connaissance de la langue arabe ou de la langue berbère

---

Art. 1er. — Il est attribué aux candidats qui se présentent au concours pour l'admission à l'emploi d'adjoint de commune mixte, lorsqu'ils sont titulaires de la prime (ou du diplôme correspondant) de langue arabe ou berbère, ou du brevet délivré par l'École Supérieure des Lettres d'Alger, ou, enfin, lorsqu'ils ont obtenu la note 1 aux examens spéciaux relatifs à la connaissance pratique d'une de ces deux langues, un nombre de points supplémentaires fixé à :

Vingt (20) pour ceux qui possèdent soit la prime (ou le diplôme correspondant), soit le brevet de la langue arabe ou berbère.

Huit (8) pour ceux qui ont obtenu la note 1 aux examens de connaissance pratique d'une de ces deux langues et à ceux' qui ont obtenu une mention honorable aux examens pour la prime.

Arrêté du 15 Octobre 1902

Attribution d'un nombre supplémentaire de points aux candidats à l'emploi d'administrateur-adjoint pourvus du diplôme de licencié en droit.

Art. 1er. — Il est attribué aux candidats qui se présentent au concours pour l'admission à l'emploi d'administrateur-adjoint, vingt points supplémentaires lorsqu'ils sont pourvus du diplôme de licencié en droit.

Arrêté du 11 Avril 1907 (extrait)

Concours pour l'admission à l'emploi d'administrateur-adjoint stagiaire de commune mixte

---

Attribution de points supplémentaires aux secrétaires et commis de commune mix e comptant au moins cinq ans d'exercice dans leur emploi.

—

. . . .

Art. 2. — Les secrétaires et commis de commune mixte comptant au moins cinq ans d'exercice dans leur emploi qui se présenteront au concours d'administrateur-adjoint dans les conditions fixées par l'art. 9, § 4 des arrêtés des 25 novembre 1897 et 4 octobre 1902 bénéficieront d'un nombre de points supplémentaires fixé à huit.

Arrêté du 4 Juillet 1900

Modifié par les arrêtés des 1ᵉʳ mai 1903, 16 janvier 1906 et 1ᵉʳ mars 1907

Obligation imposée aux administrateurs et adjoints de commune mixte de justifier d'une connaissance suffisante de la langue arabe ou berbère pour comprendre les indigènes et se faire comprendre d'eux.

Art. 1ᵉʳ. — Les administrateurs et adjoints de commune mixte sont tenus de justifier d'une connaissance suffisante de la langue arabe ou berbère pour comprendre les indigènes et se faire comprendre d'eux.

Cette justification s'établit pour ceux qui ne sont pas titulaires de la prime attribuée par l'administration ou du diplôme ou du brevet délivrés par l'École supérieure des lettres d'Alger, au moyen d'examens oraux subis devant une commission spécialement constituée à cet effet.

Art. 2 (nouveau) (1). — Les examens oraux de langue arabe ont lieu annuellement dans le courant de novembre au chef-lieu de chaque département.

La date en est fixée par le Gouverneur général.

Ces examens sont également ouverts aux agents des divers services administratifs et à tous les candidats qui postulent pour un emploi d'adjoint de commune mixte.

Art. 3 (nouveau) (2). — La commission d'examen se compose de :

1° Un conseiller de gouvernement, président ;

2° Deux fonctionnaires ou agents de l'État primés pour la connaissance des langues indigènes, membres ;

3° Le secrétaire général de la préfecture du département pour les affaires indigènes, membre ;

4° Le professeur de la chaire supérieure locale, membre.

Les trois premiers membres sont désignés par le Gouverneur général et se transportent successivement aux chefs-lieux des trois départements.

Les deux derniers membres sont convoqués par le préfet du département.

Le § 4 du présent article a été remplacé par les dispositions suivantes (arrêté du 1ᵉʳ mars 1907) :

____

(1) Arrêté du 16 janvier 1906.

(2) Arrêté du 16 janvier 1906.

Les administrateurs ou adjoints qui n'auront pu se présenter aux examens annuels de novembre ou qui n'auront pas obtenu la note 1 à ces examens seront admis à faire constater leur degré de connaissance en langue arabe devant la commission qui se réunira à Alger, en session extraordinaire, dans le courant du mois de mars de chaque année.

Les examens du mois de novembre sont seuls obligatoires pour le personnel des communes mixtes. Ceux du mois de mars sont facultatifs et ne donnent lieu à l'allocation d'aucune indemnité de déplacement ou de séjour. Les fonctionnaires qui désireront les subir devront adresser leur demande d'inscription au gouvernement général, par l'intermédiaire des préfets, quinze jours au moins avant la date fixée pour l'ouverture de la session.

Art. 4. — L'examen comprend deux épreuves :

1º Lecture et traduction orale, d'arabe en français, d'une lettre ou d'un ordre manuscrit d'un style simple ;

2º Interprétation orale.

Les épreuves ne devront porter que sur des sujets ne sortant pas du domaine des attributions administratives.

Art. 5. — Les appréciations de la Commission seront exprimées par des chiffres variant de 0 à 20 et correspondant respectivement aux notes ci-après, avec la signification suivante :

0 à 5 (note 4). — N'a aucune notion de la langue arabe.

6 à 10 (note 3). — Possède quelques éléments de la langue parlée ou écrite.

11 à 15 (note 2). — Peut tenir une conversation, mais ne sait pas traduire un texte manuscrit ; ou inversement, sait traduire un texte manuscrit, mais ne peut tenir une conversation.

16 à 20 (note 1). — Peut tenir une conversation et traduire convenablement un texte manuscrit de style simple.

Art. 6. — Les résultats des examens seront consignés dans un procès-verbal général signé du président et de tous les membres de la Commission d'examen, et dans des attestations individuelles conformes au modèle ci-annexé.

Les procès-verbaux généraux des trois sessions seront adressés au Gouverneur général dans la huitaine qui suivra la clôture des derniers examens par le Président de la Commission, accompagnés d'un rapport d'ensemble sur la marche générale des examens et les résultats obtenus.

Les attestations seront remises aux intéressés par les Préfets, après l'approbation par le Gouverneur général des opérations de la Commission ; une copie en sera établie pour les archives du Gouvernement général.

Art. 7. — Les administrateurs et adjoints de commune mixte qui ne seront pas en possesion de la note 1 devront se présenter, chaque année, devant la Commission d'examen jusqu'à ce que la note dont il s'agit leur ait été décernée.

Les administrateurs et adjoints qui auront obtenu la note 1, de même que ceux qui, après avoir satisfait aux examens de la prime, ont échoué à l'examen révisionnel relatif à cette prime, seront tenus de se présenter, tous les cinq ans, devant la Commission d'examen.

Art. 8. — Les agents appelés à subir les examens, soit annuels, soit révisionnels, seront individuellement convoqués par le Préfet. En cas d'omission, ils seront tenus de demander eux-mêmes leur inscription.

La Commission devra signaler les agents qui se seront abstenus de comparaître devant elle : ceux-ci, à moins d'une dispense préalable, seront passibles d'une peine disciplinaire qui sera prononcée par le Gouverneur général.

Art. 9. — Conformément aux dispositions de l'article 17 de l'arrêté du 25 novembre 1897 sur le personnel des communes mixtes, tout avancement est ajourné pour les administrateurs et les adjoints qui n'ont pas obtenu la note 1, ou à qui elle n'est pas maintenue aux examens révisionnels.

Tout avancement sera également ajourné pour les agents qui, pourvus de la note 1, auront obtenu des sursis pour subir les examens révisionnels ou ne se seront pas présentés à ces examens.

L'art. 9 a été complété ainsi qu'il suit par l'arrêté du 1ᵉʳ mai 1903 :

Par exception, pourront obtenir un avancement après *cinq ans* de stage au minimum dans la classe immédiatement inférieure les administrateurs et les administrateurs-adjoints qui se seront signalés par des services exceptionnels.

La note 1 sera toujours rigoureusement exigée pour être promu au grade d'administrateur.

Art. 10. — Des frais de déplacement et de séjour seront alloués aux administrateurs et adjoints qui se présenteront devant la Commission d'examen (1).

Cet avantage sera refusé à ceux de ces fonctionnaires qui, subissant les examens soit annuels, soit revisionnels, obtiendront deux fois de suite la note 3 ou 4, ou trois fois de suite la note 2 (2).

Art. 11. — Les arrêtés ci-dessus visés des 25 novembre 1896 et 31 mai 1899 sont et demeurent abrogés.

Art. 12. — Les Préfets des départements d'Alger, d'Oran et de Constantine sont chargés, chacun en ce qui le concerne, de l'exécution du présent arrêté.

Arrêté du 12 Septembre 1896

Portant règlement sur le personnel et le service des bureaux des communes mixtes

Modifié par les arrêtés des 22 novembre 1897, 18 mars 1905, 11 avril 1907, 26 juillet 1909, 10 janvier 1910 et par les circulaires gouvernementales des 27 novembre 1898, 27 décembre 1901.

Art. 1er. — Le personnel des bureaux des communes mixtes se compose :

D'un secrétaire ;

D'un ou de plusieurs commis français ;

D'un ou de plusieurs commis indigènes (khodjas).

Art. 2. — Le nombre des commis français ou indigènes est fixé, pour chaque commune mixte, par le Préfet du département, suivant les besoins du service et la situation financière de la commune, sur les propositions de l'administrateur, appuyées d'une délibération de la Commission municipale et sur l'avis du Sous-Préfet de l'arrondissement. Il y aura toujours au moins un commis indigène par commune.

Art. 3. — Les secrétaires et commis français sont nommés par le Préfet du département dans les conditions suivantes :

Art. 4 à 8 (nouveaux) (1). — Les commis français des communes mixtes de l'Algérie sont recrutés par voie de concours ouvert au chef-lieu de chaque département aux époques déterminées par les Préfets.

L'arrêté portant ouverture du concours sera publié au moins deux mois à l'avance ; il indiquera toujours le nombre maximum des admissions à prononcer.

Pour être admis à prendre part à ce concours, les candidats devront être agréés au préalable par le Préfet.

Ils auront à justifier :

1° Qu'ils sont français, jouissant de leurs droits ;

(1) Arrêté du 26 juillet 1909.

2º Qu'ils ont satisfait à la loi sur le recrutement de l'armée.

Ils devront adresser au Préfet du département, vingt jours au plus tard avant l'ouverture du concours, une demande d'inscription accompagnée des pièces suivantes :

1º Une expédition authentique de leur acte de naissance ;

2º Une pièce constatant leur situation au point de vue militaire ;

3º Un extrait de leur casier judiciaire remontant à moins de trois mois ;

4º Un certificat de bonnes vie et mœurs délivré par le maire de la commune de leur résidence.

Le jury du concours est composé, dans chaque préfecture :

1º Du secrétaire général pour les affaires indigènes et la police générale, président.

2º D'un conseiller de préfecture, membre ;

3º D'un chef et d'un sous-chef de bureau de la préfecture, membres.

Un commis principal ou, à défaut, un commis-rédacteur de 1ʳᵉ classe remplira les fonctions de secrétaire.

Le concours comprend deux parties : les épreuves écrites et les épreuves orales. Le programme des connaissances exigées est fixé ainsi qu'il suit :

ÉPREUVES ÉCRITES

1º Une dictée sur les principales difficultés de la langue française ;

2º Une composition sur une question d'histoire ou de géographie de France ou d'Algérie ;

3e Deux problèmes sur les quatre règles, les fractions ou le système métrique.

ÉPREUVES ORALES

1º Organisation administrative de l'Algérie (administration centrale, départementale et communale) ;

2º Budget des communes (recettes et dépenses) ;

3º Notions sur le fonctionnement des communes mixtes (commissions municipales, djemaâs de douars, impôts arabes, sociétés de prévoyance) ;

4º Tribunaux répressifs, indigénat, police judiciaire.

Une seule note sera donnée pour l'ensemble des épreuves orales.

Les appréciations du jury sont exprimées par des chiffres

variant de 0 à 10 et ayant respectivement la signification suivante :

0..............................	nul.
1..............................	mal.
2, 3...........................	médiocre.
4, 5...........................	passable.
6, 7...........................	assez bien.
8, 9...........................	bien.
10.............................	très bien.

Ces notes sont multipliées, savoir :

Pour la dictée, par le coefficient........................ 1
Pour l'histoire et la géographie, par le coefficient....... 2
Pour les problèmes, par le coefficient................... 2
Pour les épreuves orales, par le coefficient............. 3

Ne pourront prendre part à l'épreuve orale que les candidats qui auront obtenu les 6/10 des points attribués aux épreuves écrites, soit 30 points.

Aucun candidat ne pourra être reconnu admissible au grade de commis de commune mixte s'il ne réunit, pour l'ensemble de ses notes (épreuves écrites et orales) les 7/10 du nombre maximum des points (56 points).

Il sera attribué aux candidats un nombre de points supplémentaires fixé à dix pour ceux qui sont titulaires de la prime (ou diplôme correspondant) de langue arabe ou berbère ou du brevet délivré par l'école supérieure des lettres d'Alger et à huit pour ceux qui ont obtenu la note 1 aux examens spéciaux relatifs à la connaissance pratique d'une de ces deux langues, ou une mention honorable aux examens des primes,

Cette majoration ne figurera pas dans le calcul des points de l'examen écrit, mais elle entrera en ligne de compte, à l'examen oral, pour l'admission définitive et le classement des candidats.

Les résultats du concours seront consignés dans un procès-verbal général signé de tous les membres du jury.

Les candidats reconnus admissibles seront classés par ordre de mérite et nommés dans l'ordre du classement au fur et à mesure des vacances.

Une copie du procès-verbal des opérations du jury sera adressée au gouvernement général dans la quinzaine qui suivra la clôture de la session.

Sont dispensés du concours les candidats justifiant de la possession d'un diplôme de licencié en droit, de bachelier de l'enseignement classique ou de l'enseignement moderne ou enfin du certificat supérieur d'études de législation algérienne, de droit musulman et de coutumes indigènes.

Un tiers des emplois de commis leur est réservé.

Les emplois de secrétaire sont exclusivement réservés aux commis français comptant au moins deux ans d'ancienneté dans la première classe et portés sur un tableau de classement arrêté chaque année par une commission composée, sous la présidence du préfet, du secrétaire général pour les affaires indigènes et des sous-préfets du département.

Art. 9. — Les commis indigènes (khodjas), sont choisis sur une liste de trois candidats présentés par l'administrateur de la commune mixte.

Un droit de priorité est réservé aux élèves diplômés des médersas et aux anciens élèves indigènes des lycées et collèges.

Art. 10. — Les secrétaires et commis peuvent être déplacés par nécessité de service, en vertu d'une décision préfectorale ; leur déplacement peut aussi être ordonné par mesure disciplinaire, sur la proposition de l'administrateur et l'avis du sous-préfet.

Art. 11 (nouveau) (1). — Les traitements du personnel des bureaux des communes mixtes sont fixés comme suit :

Secrétaires de 1re classe	3.000	francs
— de 2e classe	2.700	»
— de 3e classe	2.400	»
Commis français et indigènes de 1re classe	2.100	»
— — de 2e classe	1.800	»
— — de 3e classe	1.500	»
Commis indigènes de 4e classe	1.200	»

Art. 12 (nouveau) (1). — Les avancements seront accordés, pour chaque classe, à la classe immédiatement supérieure. Nul ne pourra franchir deux classes à la fois.

Les promotions ne pourront avoir lieu que dans la limite des disponibilités budgétaires et après trois ans au moins de stage dans la classe inférieure.

L'avancement est donné au choix, d'après un tableau général d'avancement arrêté, à la fin de chaque année, par la commission spéciale instituée par les articles 4 à 8 du présent arrêté et qui se réunira à la préfecture dans le courant de la deuxième quinzaine de novembre.

La commission dressera, en outre, au cours de la même réunion, le tableau de classement des commis de 1re classe susceptibles d'être promus au grade de secrétaire.

____

(1) Arrêté du 26 juillet 1909.

Ces deux tableaux seront publiés au Recueil des actes administratifs de la préfecture dans le mois qui suivra la date de la réunion de la commission.

Art. 13 (nouveau) (1). — Les secrétaires pourront, après six ans de services effectifs dans la même commune mixte et dans l'emploi de secrétaire de 1re classe, être élevés au traitement exceptionnel de 3.500 francs.

Art. 14 (nouveau) (2). — Les secrétaires et commis français et indigènes ont droit au logement en nature aux frais de la commune mixte ou à une indemnité représentative annuelle de 300 francs.

Les commis français spécialement chargés du service de l'état civil des indigènes, qui justifient d'une connaissance suffisante (note 1) de la langue arabe ou d'un idiome de la langue berbère (suivant la région), recevront, sur le budget communal, une indemnité annuelle de cent cinquante francs.

Les secrétaires et commis français qui auront subi avec succès les examens des primes pour connaissance des langues arabe ou berbère recevront, sur le budget communal, des indemnités annuelles dont le taux est fixé à cinq cents francs pour la prime de 1re classe et à trois cents francs pour celle de deuxième.

Ces indemnités ne se cumuleront pas avec celle de cent cinquante francs prévue au paragraphe précédent.

Les agents admis au bénéfice de la prime de 2e classe seront astreints aux examens revisionnels institués par le décret du 4 avril 1851. Ceux qui recevront l'indemnité de cent cinquante francs attachée à la possession de la note 1 seront également soumis à des revisions périodiques. Ces revisions auront lieu tous les trois ans, dans le courant du mois de novembre, devant le jury d'examen institué par l'arrêté du 4 juillet 1900. L'indemnité sera accordée à titre définitif aux agents qui auront satisfait deux fois de suite aux épreuves revisionnelles.

Les secrétaires et commis ne pourront en aucun cas et sous aucun prétexte recevoir, sur le budget communal, d'autres indemnités que celle prévues aux paragraphes 1, 2 et 3 du présent article.

Art. 15. — Le secrétaire et les commis français et indigènes (khodjas) sont placés sous l'autorité directe de l'Administrateur, qui répartit le travail incombant à chacun d'eux. Le secrétaire est plus particulièrement chargé de la tenue des

---

(1) Arrêté du 26 juillet 1909.
(2) Arrêté du 10 janvier 1910.

registres d'ordre, de la comptabilité communale et de la garde
et du classement des archives. Il veille à la discipline des
bureaux et surveille, au besoin, l'exécution matérielle des
travaux. — Les commis lui doivent obéissance.

Art. 16 (nouveau) (1). — Les secrétaires et commis sont
soumis aux peines disciplinaires suivantes :

1° Le blâme officiel ;
2° La retenue de solde de un à cinq jours ;
3° La retenue de solde de six à quinze jours ;
4° La retenue de solde de seize à trente jours ;
5° Le retrait d'une classe ou d'un grade ;
6° La mise en disponibilité ;
7° La révocation.

Les deux premières peines sont prononcées par l'administrateur, la troisième par le sous-préfet ; il devra toujours en
être fait mention dans le dossier individuel de l'agent. Les
autres sont prononcées par le préfet.

Art. 17 (nouveau) (1). — Il sera rendu compte au préfet du
département des retenues de solde infligées par les administrateurs et par les sous-préfets ainsi que des circonstances
qui ont motivé la mesure. Le montant des retenues de solde
devra être versé à la caisse municipale pour être incorporé
dans les ressources générales du budget de la commune
mixte.

Art. 18 (nouveau) (1). — Lorsque la peine proposée est la
rétrogradation, la mise en disponibilité ou la révocation,
l'intéressé sera, préalablement à la décision, déféré au conseil
de discipline institué au siège de chaque préfecture et composé comme suit :

Le préfet ou, en cas d'empêchement, le secrétaire général
pour les affaires indigènes, président ;

Deux conseillers de préfecture ;

Le chef de bureau ou du service auquel ressortit l'agent
déféré au conseil ;

Un secrétaire ou un commis de commune mixte, d'un grade
égal à l'agent sur le compte duquel le conseil a à statuer.

L'agent déféré au conseil sera admis à comparaître en per-
sonne pour présenter ses moyens de défense.

La procédure fixée par l'arrêté du 1er septembre 1896 devra
être rigoureusement suivie dans toute affaire évoquée devant
le conseil de discipline. En ce qui concerne spécialement les

---

(1) Arrêté du 26 juillet 1909.

secrétaires et commis de commune mixte le préfet exerce les attributions dévolues au Gouverneur général par le dit arrêté et désigne le rapporteur qui sera toujours un des deux conseillers de préfecture.

Art. 19. — Si les besoins du service ne s'y opposent, des congés peuvent être accordés au personnel des bureaux des communes mixtes.

Ces congés sont accordés par l'administrateur (1).

Art. 20 (nouveau) (2). — Les secrétaires et commis de commune mixte subiront sur leur traitement une retenue du 1/20ᵉ qui sera versée, pour leur compte, à la caisse des retraites pour la vieillesse à capital réservé ou à capital aliéné, suivant leur choix.

A cette retenue pourra s'ajouter une subvention égale prélevée sur le budget de la commune mixte. Le montant de la retenue et de la subvention communale sera déposé, par les soins de l'administrateur, au compte individuel de chacun des ayants droit et constaté sur un livret remis gratuitement à l'intéressé.

---

(1) Circulaire gouvernementale du 27 décembre 1901.
(2) Arrêté du 11 avril 1907.